En la época de los dinosaurios

Gorga encuentra un buen rival

Cuento de Hugh Price

Ilustraciones de Ben Spiby

Hace mucho, mucho tiempo,
en la época de los dinosaurios,
Gorga salió a buscar comida.
Era joven, pero ya era grande y fuerte.
Cuando creciera por completo,
¡ mediría casi 30 pies de largo !

Gorga tenía la cabeza grande
y un montón de dientes afilados.
Era cazadora
y comía otros dinosaurios.
Pero llevaba más de una semana
sin comer y tenía hambre.

Gorga oyó un ruido
y volteó a ver qué era.
Un animal inmenso comía un arbusto.
La joven Gorga nunca había visto
un anquilosaurio.
¡ Era más grande que ella !

El anquilosaurio tenía un caparazón
grueso y pesado, con púas de hueso.
Pero parecía lento y perezoso.
Ni siquiera salió corriendo.
Casi todos los animales huían
cuando veían a Gorga.

El anquilosaurio se quedó muy quieto
mientras Gorga le daba la vuelta.
Al olerlo, Gorga supo
que este animal sería rico.

Al principio, a Gorga no se le ocurrió
cómo atacar al anquilosaurio.
Era muy grande para empujarlo.
Su caparazón era muy grueso
para morderlo
y su cola era de puro hueso.

Entonces Gorga tuvo una idea.
Le mordería una pata de atrás,
donde no tenía púas.

Gorga actuó con rapidez.
Le saltó al anquilosaurio
con la mandíbula abierta.
Pero no vio que el otro
estaba batiendo la cola.

De repente, algo muy duro y pesado
le pegó a Gorga en la cabeza.

¡ Catapún !

El anquilosaurio la golpeó con el mazo
que tenía en la punta de la cola.

El potente golpe tumbó a Gorga
y le rompió unos dientes.

Gorga se paró tambaleando,
pero apenas lo hizo
la pesada cola volvió a golpearla.
Esta vez le pegó en la pata.

¡ *Catapún* !

Gorga volvió a caerse.
Por suerte
el golpe no le partió la pata.

Lo único que Gorga quería hacer ahora
era escapar del anquilosaurio,
pero la pata le dolía mucho para pararse
y no podía levantar la cabeza.

Menos mal que lo único que quería
hacer el anquilosaurio
¡ era **alejarse** de ella !

14

Mientras Gorga seguía <u>tendida</u> en el suelo,
el anquilosaurio se metió al bosque
tan rápido como pudo.

Gorga había aprendido algo.
Ya sabía que el anquilosaurio
no era tan lento ni perezoso como parecía.
Además, ¡ su cola era muy **peligrosa** !

Después de eso, Gorga vivió muchos años más.
Cazó muchas clases de dinosaurios,
pero **nunca** volvió a atacar
al anquilosaurio.
Gorga, la feroz cazadora,
encontró un buen rival.